50 Recetas de Pan y Más

Por: Kelly Johnson

Table of Contents

- Pan francés clásico
- Pan de ajo y hierbas
- Pan integral con semillas
- Pan de centeno tradicional
- Pan de avena y miel
- Pan de molde esponjoso
- Pan de maíz dulce
- Pan de focaccia con romero
- Pan de pita casero
- Pan de chapata crujiente
- Pan de plátano
- Pan de calabaza
- Pan de zanahoria
- Pan de especias navideñas
- Pan de aceitunas negras
- Pan de cebolla caramelizada
- Pan de queso cheddar

- Pan de chocolate y nueces
- Pan de coco rallado
- Pan de ajo con queso parmesano
- Pan de semillas de amapola
- Pan de menta y chocolate
- Pan de cerveza oscura
- Pan de yogur y limón
- Pan de almendra y canela
- Pan de chía y linaza
- Pan de batata
- Pan dulce de pasas
- Pan de nuez y miel
- Pan de tomate y albahaca
- Pan de jalapeño y queso
- Pan de alcaravea
- Pan de hierbas provenzales
- Pan de cebolla y ajo
- Pan de arándanos y nueces
- Pan de avena con frutos secos

- Pan de mermelada y mantequilla
- Pan de dátiles y almendras
- Pan de semillas mixtas
- Pan de manzana y canela
- Pan de ajo rostizado
- Pan de calabacín
- Pan de mostaza y miel
- Pan de nueces y pasas
- Pan de cebolla y queso
- Pan de remolacha
- Pan de coco y piña
- Pan de pera y jengibre
- Pan de queso crema y cebollino
- Pan de semillas de girasol

Pan Francés Clásico

Ingredientes:

- 4 tazas de harina de trigo
- 1 ½ tazas de agua tibia
- 2 cucharaditas de levadura seca activa
- 2 cucharaditas de sal

Instrucciones:

1. En un bol grande, disuelve la levadura en el agua tibia y deja reposar 5 minutos.
2. Agrega la harina y la sal, mezcla hasta formar una masa.
3. Amasa sobre una superficie enharinada durante 10 minutos hasta que quede suave y elástica.
4. Coloca la masa en un bol aceitado, cubre y deja que doble su tamaño (1-2 horas).
5. Desgasifica la masa y forma barras largas (baguettes).
6. Deja reposar las barras durante 30-45 minutos.
7. Precalienta el horno a 245 °C (475 °F) con una bandeja con agua para generar vapor.
8. Haz cortes en la parte superior con un cuchillo afilado y hornea por 20-25 minutos hasta que estén doradas y crujientes.

Pan de Ajo y Hierbas

Ingredientes:

- 4 tazas de harina de trigo
- 1 ½ tazas de agua tibia
- 2 cucharaditas de levadura seca activa
- 2 cucharaditas de sal
- 3 dientes de ajo picados
- 2 cucharadas de hierbas frescas picadas (romero, tomillo, perejil)
- 2 cucharadas de aceite de oliva

Instrucciones:

1. Disuelve la levadura en agua tibia.
2. Mezcla la harina y la sal en un bol, luego agrega la mezcla de levadura.
3. Amasa hasta obtener una masa suave, luego incorpora el ajo picado y las hierbas uniformemente.
4. Deja que la masa repose en un bol aceitado y cubierta hasta que doble su tamaño (aprox. 1 hora).
5. Forma una barra o bollos y colócalos en una bandeja para hornear.
6. Deja que reposen otros 30 minutos.
7. Pinta la superficie con aceite de oliva antes de hornear.
8. Hornea a 220 °C (425 °F) por 25-30 minutos hasta que estén dorados y aromáticos.

Pan Integral con Semillas

Ingredientes:

- 3 ½ tazas de harina integral
- 1 ½ tazas de agua tibia
- 2 cucharaditas de levadura seca activa
- 2 cucharaditas de sal
- ½ taza de semillas mixtas (girasol, linaza, sésamo, calabaza)

Instrucciones:

1. Disuelve la levadura en agua tibia.
2. Mezcla la harina integral y la sal en un bol.
3. Agrega la mezcla de levadura y amasa hasta formar una masa.
4. Incorpora ¼ taza de semillas hasta que queden bien distribuidas.
5. Coloca la masa en un bol aceitado, cubre y deja que doble su tamaño (1-2 horas).
6. Forma un pan y colócalo en una bandeja para hornear.
7. Espolvorea las semillas restantes por encima y presiona ligeramente.
8. Deja reposar otros 30-45 minutos.
9. Hornea a 220 °C (425 °F) por 30-35 minutos hasta que esté crujiente y bien cocido.

Pan de Centeno Tradicional

Ingredientes:

- 3 tazas de harina de centeno
- 1 taza de harina de trigo panadera (opcional, para una textura más ligera)
- 1 ½ tazas de agua tibia
- 1 cucharadita de levadura seca activa o ½ taza de masa madre
- 2 cucharaditas de sal

Instrucciones:

1. Mezcla la harina de centeno, la harina de trigo (si usas) y la sal en un bol.
2. Disuelve la levadura o agrega la masa madre al agua tibia.
3. Combina los ingredientes húmedos con los secos hasta formar una masa pegajosa (la masa de centeno es más densa).
4. Cubre y deja fermentar lentamente de 6 a 8 horas o toda la noche para mejorar el sabor.
5. Forma un pan redondo u ovalado.
6. Deja reposar para la prueba final 1-2 horas hasta que esté esponjoso.
7. Hornea a 190 °C (375 °F) por 40-50 minutos hasta que la corteza esté firme y oscura.

Pan de Avena y Miel

Ingredientes:

- 3 tazas de harina de trigo
- 1 taza de avena en hojuelas
- 1 ½ tazas de agua tibia
- 2 cucharaditas de levadura seca activa
- 2 cucharadas de miel
- 1 cucharadita de sal
- 2 cucharadas de aceite vegetal

Instrucciones:

1. Disuelve la levadura en el agua tibia con la miel y deja reposar 5 minutos.
2. Mezcla la harina, avena y sal en un bol.
3. Agrega la mezcla de levadura y el aceite, mezcla hasta formar una masa.
4. Amasa durante 8-10 minutos hasta obtener una masa suave.
5. Deja reposar la masa cubierta hasta que doble su tamaño (1-2 horas).
6. Forma un pan, colócalo en un molde para hornear y deja reposar 30 minutos más.
7. Hornea a 190 °C (375 °F) durante 35-40 minutos hasta que esté dorado y al golpear suene hueco.

Pan de Molde Esponjoso

Ingredientes:

- 4 tazas de harina de trigo
- 1 ½ tazas de leche tibia
- 2 cucharaditas de levadura seca activa
- 3 cucharadas de azúcar
- 1 cucharadita de sal
- 3 cucharadas de mantequilla derretida
- 2 huevos

Instrucciones:

1. Disuelve la levadura en la leche tibia con una cucharadita de azúcar y deja reposar 10 minutos.
2. En un bol, mezcla la harina, sal y el resto del azúcar.
3. Agrega los huevos, mantequilla y la mezcla de levadura.
4. Amasa hasta obtener una masa suave y elástica (10 minutos).
5. Deja reposar tapada hasta que doble su tamaño (1-2 horas).
6. Coloca la masa en un molde para pan engrasado.
7. Deja reposar 30 minutos más.
8. Hornea a 180 °C (350 °F) durante 30-35 minutos hasta que esté dorado y suave.

Pan de Maíz Dulce

Ingredientes:

- 2 tazas de harina de maíz (no harina de maíz fina, sino harina amarilla)
- 1 taza de harina de trigo
- 1 taza de azúcar
- 1 cucharada de polvo de hornear
- 1 cucharadita de sal
- 1 ½ tazas de leche
- 2 huevos
- ½ taza de mantequilla derretida
- 1 taza de granos de maíz dulce (opcional)

Instrucciones:

1. Precalienta el horno a 190 °C (375 °F).
2. Mezcla las harinas, azúcar, polvo de hornear y sal en un bol.
3. En otro recipiente, bate la leche, huevos y mantequilla.
4. Incorpora los ingredientes húmedos a los secos, mezcla hasta que estén combinados.
5. Agrega los granos de maíz si usas.
6. Vierte en un molde engrasado y hornea 30-35 minutos o hasta que al insertar un palillo salga limpio.

Pan de Focaccia con Romero

Ingredientes:

- 4 tazas de harina de trigo
- 1 ½ tazas de agua tibia
- 2 cucharaditas de levadura seca activa
- 2 cucharaditas de sal
- 3 cucharadas de aceite de oliva
- 2 cucharadas de romero fresco picado
- Sal gruesa para espolvorear

Instrucciones:

1. Disuelve la levadura en el agua tibia y deja reposar 5 minutos.
2. Mezcla la harina y la sal, agrega la mezcla de levadura y 2 cucharadas de aceite.
3. Amasa hasta que la masa quede suave y elástica (8-10 minutos).
4. Deja reposar cubierta hasta que doble su tamaño (1-2 horas).
5. Extiende la masa en una bandeja de horno engrasada, haz hoyos con los dedos.
6. Rocía con el resto del aceite de oliva, espolvorea romero y sal gruesa.
7. Deja reposar 20-30 minutos más.
8. Hornea a 220 °C (425 °F) durante 20-25 minutos hasta que esté dorada.

Pan de Pita Casero

Ingredientes:

- 3 tazas de harina de trigo
- 1 taza de agua tibia
- 2 cucharaditas de levadura seca activa
- 1 cucharadita de sal
- 1 cucharadita de azúcar
- 2 cucharadas de aceite de oliva

Instrucciones:

1. Disuelve la levadura y azúcar en agua tibia, deja reposar 5 minutos.
2. Mezcla la harina y la sal, agrega la mezcla de levadura y aceite.
3. Amasa hasta obtener una masa suave (8-10 minutos).
4. Deja reposar cubierta hasta que doble su tamaño (1-2 horas).
5. Divide la masa en bolas pequeñas y deja reposar 10 minutos más.
6. Estira cada bola en forma de disco de 15 cm.
7. Cocina en sartén caliente sin aceite, 2-3 minutos por lado, hasta que inflen.

Pan de Chapata Crujiente

Ingredientes:

- 3 tazas de harina de trigo
- 1 ½ tazas de agua tibia
- 1 cucharadita de levadura seca activa
- 1 cucharadita de sal
- 2 cucharadas de aceite de oliva

Instrucciones:

1. Mezcla la levadura con el agua tibia y deja reposar 5 minutos.
2. Combina harina y sal en un bol, añade la mezcla de levadura y aceite.
3. Amasa hasta que la masa quede pegajosa y elástica (10 minutos).
4. Deja reposar cubierta 1-2 horas hasta que doble tamaño.
5. Forma un pan alargado sin desgasificar mucho.
6. Deja reposar 30 minutos más.
7. Hornea a 220 °C (425 °F) con vapor durante 20-25 minutos hasta que tenga corteza crujiente.

Pan de Plátano

Ingredientes:

- 3 plátanos maduros machacados
- 2 tazas de harina de trigo
- 1 taza de azúcar
- 1/2 taza de mantequilla derretida
- 2 huevos
- 1 cucharadita de bicarbonato de sodio
- 1/2 cucharadita de sal
- 1 cucharadita de esencia de vainilla

Instrucciones:

1. Precalienta el horno a 175 °C (350 °F).
2. En un bol, mezcla plátanos, mantequilla, huevos y vainilla.
3. En otro bol, combina harina, azúcar, bicarbonato y sal.
4. Añade los ingredientes secos a los húmedos y mezcla hasta integrar.
5. Vierte la mezcla en un molde para pan engrasado.
6. Hornea durante 60 minutos o hasta que al insertar un palillo salga limpio.

Pan de Calabaza

Ingredientes:

- 1 taza de puré de calabaza
- 2 ½ tazas de harina de trigo
- 1 taza de azúcar morena
- 1/2 taza de aceite vegetal
- 2 huevos
- 1 cucharadita de bicarbonato de sodio
- 1/2 cucharadita de sal
- 1 cucharadita de canela en polvo

Instrucciones:

1. Precalienta el horno a 175 °C (350 °F).
2. Mezcla puré de calabaza, aceite y huevos.
3. Combina harina, azúcar, bicarbonato, sal y canela.
4. Incorpora los ingredientes secos a los húmedos.
5. Vierte en un molde engrasado.
6. Hornea 50-60 minutos o hasta que esté firme y el palillo salga limpio.

Pan de Zanahoria

Ingredientes:

- 2 tazas de harina de trigo
- 1 taza de zanahoria rallada
- 1 taza de azúcar
- 1/2 taza de aceite vegetal
- 2 huevos
- 1 cucharadita de bicarbonato de sodio
- 1/2 cucharadita de canela en polvo
- 1/2 cucharadita de sal

Instrucciones:

1. Precalienta el horno a 175 °C (350 °F).
2. Mezcla huevos, azúcar y aceite.
3. Agrega la zanahoria rallada.
4. En otro bol, mezcla harina, bicarbonato, canela y sal.
5. Combina todo hasta integrar.
6. Vierte en molde engrasado.
7. Hornea 45-50 minutos.

Pan de Especias Navideñas

Ingredientes:

- 3 tazas de harina de trigo
- 1 taza de azúcar morena
- 1 taza de miel
- 1/2 taza de leche tibia
- 1/4 taza de aceite vegetal
- 2 huevos
- 2 cucharaditas de mezcla de especias (canela, clavo, nuez moscada, jengibre)
- 1 cucharadita de bicarbonato de sodio
- 1/2 cucharadita de sal

Instrucciones:

1. Precalienta el horno a 175 °C (350 °F).
2. Mezcla huevos, miel, aceite y leche.
3. En otro bol, mezcla harina, azúcar, especias, bicarbonato y sal.
4. Combina los ingredientes húmedos con los secos.
5. Vierte en molde engrasado.
6. Hornea 50-60 minutos o hasta que al insertar un palillo salga limpio.

Pan de Aceitunas Negras

Ingredientes:

- 4 tazas de harina de trigo
- 1 ½ tazas de agua tibia
- 2 cucharaditas de levadura seca activa
- 2 cucharaditas de sal
- 1 taza de aceitunas negras sin hueso, picadas
- 2 cucharadas de aceite de oliva

Instrucciones:

1. Disuelve la levadura en el agua tibia y deja reposar 5 minutos.
2. Mezcla la harina y la sal en un bol grande.
3. Agrega la mezcla de levadura y el aceite, mezcla hasta formar masa.
4. Añade las aceitunas picadas y amasa para incorporarlas bien.
5. Deja reposar la masa cubierta hasta que doble su tamaño (1-2 horas).
6. Forma un pan, colócalo en una bandeja y deja reposar 30 minutos más.
7. Hornea a 220 °C (425 °F) durante 25-30 minutos hasta que esté dorado.

Pan de Cebolla Caramelizada

Ingredientes:

- 4 tazas de harina de trigo
- 1 ½ tazas de agua tibia
- 2 cucharaditas de levadura seca activa
- 2 cucharaditas de sal
- 2 cebollas grandes, caramelizadas
- 2 cucharadas de aceite de oliva

Instrucciones:

1. Carameliza las cebollas en una sartén con un poco de aceite hasta que estén doradas y suaves.
2. Disuelve la levadura en agua tibia y deja reposar 5 minutos.
3. Mezcla harina y sal.
4. Añade la mezcla de levadura, aceite y las cebollas caramelizadas.
5. Amasa hasta integrar bien todos los ingredientes.
6. Deja reposar la masa hasta que doble tamaño (1-2 horas).
7. Forma el pan, deja reposar 30 minutos y hornea a 220 °C (425 °F) por 25-30 minutos.

Pan de Queso Cheddar

Ingredientes:

- 4 tazas de harina de trigo
- 1 ½ tazas de agua tibia
- 2 cucharaditas de levadura seca activa
- 2 cucharaditas de sal
- 1 ½ tazas de queso cheddar rallado
- 2 cucharadas de mantequilla derretida

Instrucciones:

1. Disuelve la levadura en el agua tibia, deja reposar 5 minutos.
2. Mezcla harina y sal en un bol.
3. Agrega la mezcla de levadura y mantequilla.
4. Incorpora el queso cheddar rallado y amasa hasta distribuirlo uniformemente.
5. Deja reposar la masa hasta que doble tamaño (1-2 horas).
6. Forma el pan y deja reposar 30 minutos más.
7. Hornea a 200 °C (390 °F) por 25-30 minutos.

Pan de Chocolate y Nueces

Ingredientes:

- 3 ½ tazas de harina de trigo
- 1 ½ tazas de agua tibia
- 2 cucharaditas de levadura seca activa
- 2 cucharaditas de azúcar
- 1 cucharadita de sal
- 1 taza de trozos de chocolate oscuro
- 1 taza de nueces picadas

Instrucciones:

1. Disuelve la levadura y azúcar en el agua tibia, deja reposar 5 minutos.
2. Mezcla harina y sal.
3. Agrega la mezcla de levadura y amasa hasta formar masa.
4. Incorpora el chocolate y las nueces.
5. Deja reposar hasta que doble tamaño (1-2 horas).
6. Forma el pan, deja reposar 30 minutos y hornea a 200 °C (390 °F) por 30 minutos.

Pan de Coco Rallado

Ingredientes:

- 4 tazas de harina de trigo
- 1 ½ tazas de leche tibia
- 2 cucharaditas de levadura seca activa
- 2 cucharaditas de azúcar
- 1 cucharadita de sal
- 1 taza de coco rallado
- 2 cucharadas de mantequilla derretida

Instrucciones:

1. Disuelve la levadura y azúcar en leche tibia, deja reposar 5 minutos.
2. Mezcla harina y sal.
3. Agrega la mezcla de levadura y mantequilla, mezcla bien.
4. Incorpora el coco rallado.
5. Amasa hasta que la masa esté suave.
6. Deja reposar hasta que doble tamaño (1-2 horas).
7. Forma el pan, deja reposar 30 minutos más.
8. Hornea a 190 °C (375 °F) por 30-35 minutos.

Pan de Ajo con Queso Parmesano

Ingredientes:

- 4 tazas de harina de trigo
- 1 ½ tazas de agua tibia
- 2 cucharaditas de levadura seca activa
- 2 cucharaditas de sal
- 3 dientes de ajo picados
- 1 taza de queso parmesano rallado
- 2 cucharadas de aceite de oliva

Instrucciones:

1. Disuelve la levadura en agua tibia, deja reposar 5 minutos.
2. Mezcla harina y sal.
3. Agrega la mezcla de levadura y aceite de oliva.
4. Incorpora el ajo picado y el queso parmesano.
5. Amasa hasta integrar todo.
6. Deja reposar hasta que doble tamaño (1-2 horas).
7. Forma el pan, deja reposar 30 minutos y hornea a 220 °C (425 °F) por 25-30 minutos.

Pan de Semillas de Amapola

Ingredientes:

- 4 tazas de harina de trigo
- 1 ½ tazas de agua tibia
- 2 cucharaditas de levadura seca activa
- 2 cucharaditas de sal
- 3 cucharadas de semillas de amapola (más extra para decorar)
- 2 cucharadas de aceite de oliva

Instrucciones:

1. Disuelve la levadura en agua tibia, deja reposar 5 minutos.
2. Mezcla harina, sal y semillas de amapola.
3. Agrega mezcla de levadura y aceite, amasa hasta formar masa.
4. Deja reposar hasta que doble tamaño (1-2 horas).
5. Forma el pan, espolvorea semillas encima, deja reposar 30 minutos.
6. Hornea a 220 °C (425 °F) por 25-30 minutos.

Pan de Menta y Chocolate

Ingredientes:

- 3 ½ tazas de harina de trigo
- 1 ½ tazas de agua tibia
- 2 cucharaditas de levadura seca activa
- 2 cucharaditas de azúcar
- 1 cucharadita de sal
- 1 taza de trozos de chocolate negro
- 1 cucharadita de extracto de menta

Instrucciones:

1. Disuelve levadura y azúcar en agua tibia, deja reposar 5 minutos.
2. Mezcla harina y sal.
3. Añade mezcla de levadura y extracto de menta, amasa.
4. Incorpora el chocolate.
5. Deja reposar hasta que doble tamaño (1-2 horas).
6. Forma el pan, deja reposar 30 minutos y hornea a 200 °C (390 °F) por 30 minutos.

Pan de Cerveza Oscura

Ingredientes:

- 3 tazas de harina de trigo
- 1 taza de cerveza oscura
- 1 taza de agua tibia
- 2 cucharaditas de levadura seca activa
- 2 cucharaditas de azúcar
- 1 cucharadita de sal

Instrucciones:

1. Mezcla la levadura y azúcar en agua tibia, deja reposar 5 minutos.
2. En un bol grande, combina harina y sal.
3. Añade la mezcla de levadura, la cerveza y mezcla hasta formar masa.
4. Amasa durante 8-10 minutos.
5. Deja reposar cubierta hasta que doble tamaño (1-2 horas).
6. Forma el pan, deja reposar 30 minutos.
7. Hornea a 200 °C (390 °F) durante 30-35 minutos.

Pan de Yogur y Limón

Ingredientes:

- 3 tazas de harina de trigo
- 1 taza de yogur natural
- Ralladura de 1 limón
- 1/2 taza de leche tibia
- 2 cucharaditas de levadura seca activa
- 2 cucharadas de azúcar
- 1 cucharadita de sal

Instrucciones:

1. Disuelve la levadura y azúcar en la leche tibia, deja reposar 5 minutos.
2. Mezcla harina, sal y ralladura de limón en un bol.
3. Añade el yogur y la mezcla de levadura, mezcla y amasa hasta formar una masa suave.
4. Deja reposar hasta que doble tamaño, aproximadamente 1-2 horas.
5. Forma el pan, deja reposar 30 minutos más.
6. Hornea a 190 °C (375 °F) durante 30-35 minutos.

Pan de Almendra y Canela

Ingredientes:

- 3 ½ tazas de harina de trigo
- 1 taza de leche tibia
- 2 cucharaditas de levadura seca activa
- 2 cucharadas de azúcar
- 1 cucharadita de sal
- 1 cucharada de canela en polvo
- 1 taza de almendras picadas

Instrucciones:

1. Disuelve la levadura y azúcar en la leche tibia, deja reposar 5 minutos.
2. Mezcla harina, sal y canela.
3. Añade la mezcla de levadura y amasa.
4. Incorpora las almendras picadas.
5. Deja reposar hasta que doble tamaño (1-2 horas).
6. Forma el pan, deja reposar 30 minutos.
7. Hornea a 200 °C (390 °F) durante 30 minutos.

Pan de Chía y Linaza

Ingredientes:

- 4 tazas de harina integral
- 1 ½ tazas de agua tibia
- 2 cucharaditas de levadura seca activa
- 2 cucharaditas de sal
- 3 cucharadas de semillas de chía
- 3 cucharadas de semillas de linaza

Instrucciones:

1. Disuelve la levadura en el agua tibia, deja reposar 5 minutos.
2. Mezcla harina y sal.
3. Añade la mezcla de levadura, semillas de chía y linaza.
4. Amasa hasta obtener masa homogénea.
5. Deja reposar hasta que doble tamaño (1-2 horas).
6. Forma el pan, deja reposar 30 minutos.
7. Hornea a 220 °C (425 °F) durante 30 minutos.

Pan de Batata

Ingredientes:

- 3 tazas de harina de trigo
- 1 taza de puré de batata cocida
- 1 taza de agua tibia
- 2 cucharaditas de levadura seca activa
- 2 cucharadas de azúcar
- 1 cucharadita de sal

Instrucciones:

1. Disuelve la levadura y azúcar en el agua tibia, deja reposar 5 minutos.
2. Mezcla harina y sal en un bol.
3. Añade la mezcla de levadura y puré de batata, mezcla bien.
4. Amasa hasta que la masa esté suave y elástica.
5. Deja reposar hasta que doble tamaño (1-2 horas).
6. Forma el pan, deja reposar 30 minutos.
7. Hornea a 190 °C (375 °F) durante 35-40 minutos.

Pan Dulce de Pasas

Ingredientes:

- 4 tazas de harina de trigo
- 1 ½ tazas de leche tibia
- 2 cucharaditas de levadura seca activa
- 3 cucharadas de azúcar
- 1 cucharadita de sal
- 1 taza de pasas

Instrucciones:

1. Disuelve la levadura y azúcar en la leche tibia, deja reposar 5 minutos.
2. Mezcla harina y sal.
3. Añade mezcla de levadura y amasa.
4. Incorpora las pasas.
5. Deja reposar hasta que doble tamaño (1-2 horas).
6. Forma el pan, deja reposar 30 minutos.
7. Hornea a 200 °C (390 °F) durante 30 minutos.

Pan de Nuez y Miel

Ingredientes:

- 4 tazas de harina de trigo
- 1 ½ tazas de agua tibia
- 2 cucharaditas de levadura seca activa
- 2 cucharaditas de sal
- 2 cucharadas de miel
- 1 taza de nueces picadas

Instrucciones:

1. Disuelve la levadura en agua tibia con la miel, deja reposar 5 minutos.
2. Mezcla harina y sal.
3. Añade la mezcla de levadura y amasa.
4. Incorpora las nueces picadas.
5. Deja reposar hasta que doble tamaño (1-2 horas).
6. Forma el pan, deja reposar 30 minutos.
7. Hornea a 220 °C (425 °F) durante 25-30 minutos.

Pan de Tomate y Albahaca

Ingredientes:

- 4 tazas de harina de trigo
- 1 ½ tazas de agua tibia
- 2 cucharaditas de levadura seca activa
- 2 cucharaditas de sal
- 1 taza de tomate seco picado
- 2 cucharadas de hojas frescas de albahaca picadas

Instrucciones:

1. Disuelve la levadura en agua tibia, deja reposar 5 minutos.
2. Mezcla harina y sal.
3. Añade la mezcla de levadura, tomate seco y albahaca.
4. Amasa hasta integrar bien los ingredientes.
5. Deja reposar hasta que doble tamaño (1-2 horas).
6. Forma el pan, deja reposar 30 minutos.
7. Hornea a 220 °C (425 °F) durante 25-30 minutos.

Pan de Jalapeño y Queso

Ingredientes:

- 4 tazas de harina de trigo
- 1 ½ tazas de agua tibia
- 2 cucharaditas de levadura seca activa
- 2 cucharaditas de sal
- 2 jalapeños picados (sin semillas para menos picante)
- 1 taza de queso cheddar rallado

Instrucciones:

1. Disuelve la levadura en agua tibia, deja reposar 5 minutos.
2. Mezcla harina y sal.
3. Añade la mezcla de levadura y amasa.
4. Incorpora jalapeños y queso rallado.
5. Deja reposar hasta que doble tamaño (1-2 horas).
6. Forma el pan, deja reposar 30 minutos.
7. Hornea a 200 °C (390 °F) durante 25-30 minutos.

Pan de Alcaravea

Ingredientes:

- 4 tazas de harina de trigo
- 1 ½ tazas de agua tibia
- 2 cucharaditas de levadura seca activa
- 2 cucharaditas de sal
- 1 cucharada de semillas de alcaravea

Instrucciones:

1. Disuelve la levadura en agua tibia, deja reposar 5 minutos.
2. Mezcla harina, sal y semillas de alcaravea.
3. Añade la mezcla de levadura y amasa.
4. Deja reposar hasta que doble tamaño (1-2 horas).
5. Forma el pan, deja reposar 30 minutos.
6. Hornea a 220 °C (425 °F) durante 25-30 minutos.

Pan de Hierbas Provenzales

Ingredientes:

- 4 tazas de harina de trigo
- 1 ½ tazas de agua tibia
- 2 cucharaditas de levadura seca activa
- 2 cucharaditas de sal
- 2 cucharadas de mezcla de hierbas provenzales secas (tomillo, romero, orégano, albahaca)
- 2 cucharadas de aceite de oliva

Instrucciones:

1. Disuelve la levadura en el agua tibia y deja reposar 5 minutos.
2. En un bol grande, mezcla la harina, sal y las hierbas provenzales.
3. Añade la mezcla de levadura y el aceite de oliva, mezcla y amasa hasta obtener una masa suave.
4. Deja reposar la masa hasta que doble su tamaño, aproximadamente 1-2 horas.
5. Forma el pan, deja reposar 30 minutos más.
6. Hornea a 220 °C (425 °F) durante 25-30 minutos.

Pan de Cebolla y Ajo

Ingredientes:

- 4 tazas de harina de trigo
- 1 ½ tazas de agua tibia
- 2 cucharaditas de levadura seca activa
- 2 cucharaditas de sal
- 1 taza de cebolla caramelizada
- 3 dientes de ajo finamente picados o asados

Instrucciones:

1. Disuelve la levadura en el agua tibia, deja reposar 5 minutos.
2. Mezcla harina y sal en un bol.
3. Añade la mezcla de levadura, cebolla caramelizada y ajo, mezcla y amasa.
4. Deja reposar hasta que doble tamaño (1-2 horas).
5. Forma el pan y deja reposar 30 minutos más.
6. Hornea a 200 °C (390 °F) durante 30 minutos.

Pan de Arándanos y Nueces

Ingredientes:

- 4 tazas de harina de trigo
- 1 ½ tazas de agua tibia
- 2 cucharaditas de levadura seca activa
- 2 cucharaditas de sal
- 1 taza de arándanos secos
- 1 taza de nueces picadas

Instrucciones:

1. Disuelve la levadura en el agua tibia, deja reposar 5 minutos.
2. Mezcla harina y sal.
3. Añade la mezcla de levadura, arándanos y nueces, amasa hasta integrar.
4. Deja reposar hasta que doble tamaño (1-2 horas).
5. Forma el pan, deja reposar 30 minutos.
6. Hornea a 220 °C (425 °F) durante 25-30 minutos.

Pan de Avena con Frutos Secos

Ingredientes:

- 3 tazas de harina de trigo
- 1 taza de avena en hojuelas
- 1 ½ tazas de agua tibia
- 2 cucharaditas de levadura seca activa
- 2 cucharaditas de sal
- 1 taza de mezcla de frutos secos picados (almendras, nueces, pasas)

Instrucciones:

1. Disuelve la levadura en el agua tibia, deja reposar 5 minutos.
2. Mezcla harina, avena y sal.
3. Añade la mezcla de levadura y los frutos secos, amasa bien.
4. Deja reposar hasta que doble tamaño (1-2 horas).
5. Forma el pan, deja reposar 30 minutos.
6. Hornea a 200 °C (390 °F) durante 30 minutos.

Pan de Mermelada y Mantequilla

Ingredientes:

- 3 ½ tazas de harina de trigo
- 1 taza de leche tibia
- 2 cucharaditas de levadura seca activa
- 2 cucharadas de azúcar
- 1 cucharadita de sal
- 3 cucharadas de mantequilla derretida
- Mermelada de tu sabor favorito para rellenar

Instrucciones:

1. Disuelve la levadura y azúcar en la leche tibia, deja reposar 5 minutos.
2. Mezcla harina y sal.
3. Añade la mezcla de levadura y mantequilla, amasa hasta obtener masa suave.
4. Deja reposar hasta que doble tamaño (1-2 horas).
5. Divide la masa, extiende, coloca mermelada en el centro y cierra formando un pan relleno.
6. Deja reposar 30 minutos más.
7. Hornea a 190 °C (375 °F) durante 25-30 minutos.

Pan de Dátiles y Almendras

Ingredientes:

- 4 tazas de harina de trigo
- 1 ½ tazas de agua tibia
- 2 cucharaditas de levadura seca activa
- 2 cucharaditas de sal
- 1 taza de dátiles picados
- 1 taza de almendras picadas

Instrucciones:

1. Disuelve la levadura en el agua tibia, deja reposar 5 minutos.
2. Mezcla harina y sal.
3. Añade mezcla de levadura, dátiles y almendras, amasa hasta integrar.
4. Deja reposar hasta que doble tamaño (1-2 horas).
5. Forma el pan, deja reposar 30 minutos.
6. Hornea a 220 °C (425 °F) durante 25-30 minutos.

Pan de Semillas Mixtas

Ingredientes:

- 4 tazas de harina integral
- 1 ½ tazas de agua tibia
- 2 cucharaditas de levadura seca activa
- 2 cucharaditas de sal
- 3 cucharadas de mezcla de semillas (girasol, calabaza, sésamo, linaza)

Instrucciones:

1. Disuelve la levadura en el agua tibia, deja reposar 5 minutos.
2. Mezcla harina y sal.
3. Añade mezcla de levadura y semillas mixtas, amasa bien.
4. Deja reposar hasta que doble tamaño (1-2 horas).
5. Forma el pan, deja reposar 30 minutos.
6. Hornea a 220 °C (425 °F) durante 30 minutos.

Pan de Manzana y Canela

Ingredientes:

- 4 tazas de harina de trigo
- 1 ½ tazas de agua tibia
- 2 cucharaditas de levadura seca activa
- 2 cucharaditas de sal
- 1 taza de manzana rallada
- 1 cucharada de canela en polvo

Instrucciones:

1. Disuelve la levadura en el agua tibia, deja reposar 5 minutos.
2. Mezcla harina, sal y canela.
3. Añade la mezcla de levadura y manzana rallada, amasa bien.
4. Deja reposar hasta que doble tamaño (1-2 horas).
5. Forma el pan, deja reposar 30 minutos.
6. Hornea a 200 °C (390 °F) durante 30 minutos.

Pan de Ajo Rostizado

Ingredientes:

- 4 tazas de harina de trigo
- 1 ½ tazas de agua tibia
- 2 cucharaditas de levadura seca activa
- 2 cucharaditas de sal
- 1 cabeza de ajo rostizado (los dientes pelados y triturados)
- 2 cucharadas de aceite de oliva

Instrucciones:

1. Disuelve la levadura en el agua tibia, deja reposar 5 minutos.
2. Mezcla harina y sal.
3. Añade mezcla de levadura, ajo rostizado y aceite, amasa hasta integrar.
4. Deja reposar hasta que doble tamaño (1-2 horas).
5. Forma el pan, deja reposar 30 minutos.
6. Hornea a 220 °C (425 °F) durante 25-30 minutos.

Pan de Calabacín

Ingredientes:

- 3 tazas de harina de trigo
- 1 taza de calabacín rallado (bien escurrido)
- 1 taza de agua tibia
- 2 cucharaditas de levadura seca activa
- 2 cucharadas de aceite de oliva
- 1 cucharadita de sal

Instrucciones:

1. Disuelve la levadura en el agua tibia, deja reposar 5 minutos.
2. Mezcla harina y sal.
3. Añade la mezcla de levadura, el aceite y el calabacín rallado, amasa bien.
4. Deja reposar la masa hasta que doble tamaño (1-2 horas).
5. Forma el pan, deja reposar 30 minutos más.
6. Hornea a 200 °C (390 °F) durante 30-35 minutos.

Pan de Mostaza y Miel

Ingredientes:

- 4 tazas de harina de trigo
- 1 ½ tazas de agua tibia
- 2 cucharaditas de levadura seca activa
- 1 cucharada de mostaza Dijon
- 2 cucharadas de miel
- 1 cucharadita de sal

Instrucciones:

1. Disuelve la levadura en el agua tibia, mezcla con miel, deja reposar 5 minutos.
2. Mezcla harina y sal.
3. Añade la mezcla de levadura y la mostaza, amasa hasta integrar.
4. Deja reposar hasta que doble tamaño (1-2 horas).
5. Forma el pan, deja reposar 30 minutos.
6. Hornea a 220 °C (425 °F) durante 25-30 minutos.

Pan de Nueces y Pasas

Ingredientes:

- 4 tazas de harina de trigo
- 1 ½ tazas de agua tibia
- 2 cucharaditas de levadura seca activa
- 1 cucharadita de sal
- 1 taza de nueces picadas
- 1 taza de pasas

Instrucciones:

1. Disuelve la levadura en el agua tibia, deja reposar 5 minutos.
2. Mezcla harina y sal.
3. Añade mezcla de levadura, nueces y pasas, amasa bien.
4. Deja reposar hasta que doble tamaño (1-2 horas).
5. Forma el pan, deja reposar 30 minutos.
6. Hornea a 220 °C (425 °F) durante 25-30 minutos.

Pan de Cebolla y Queso
Ingredientes:

- 4 tazas de harina de trigo
- 1 ½ tazas de agua tibia
- 2 cucharaditas de levadura seca activa
- 1 cucharadita de sal
- 1 taza de cebolla caramelizada
- 1 taza de queso rallado (cheddar o el de tu preferencia)

Instrucciones:

1. Disuelve la levadura en el agua tibia, deja reposar 5 minutos.
2. Mezcla harina y sal.
3. Añade mezcla de levadura, cebolla caramelizada y queso, amasa bien.
4. Deja reposar hasta que doble tamaño (1-2 horas).
5. Forma el pan, deja reposar 30 minutos.
6. Hornea a 200 °C (390 °F) durante 30 minutos.

Pan de Remolacha

Ingredientes:

- 3 tazas de harina de trigo
- 1 taza de puré de remolacha cocida
- 1 taza de agua tibia
- 2 cucharaditas de levadura seca activa
- 1 cucharadita de sal

Instrucciones:

1. Disuelve la levadura en el agua tibia, deja reposar 5 minutos.
2. Mezcla harina y sal.
3. Añade la mezcla de levadura y el puré de remolacha, amasa bien.
4. Deja reposar hasta que doble tamaño (1-2 horas).
5. Forma el pan, deja reposar 30 minutos.
6. Hornea a 190 °C (375 °F) durante 35-40 minutos.

Pan de Coco y Piña

Ingredientes:

- 3 tazas de harina de trigo
- 1 taza de leche de coco
- 1 taza de piña triturada (sin jugo)
- 2 cucharaditas de levadura seca activa
- 2 cucharadas de azúcar
- 1 cucharadita de sal
- 1/2 taza de coco rallado

Instrucciones:

1. Disuelve la levadura con el azúcar en la leche de coco tibia, deja reposar 5 minutos.
2. Mezcla harina, sal y coco rallado.
3. Añade mezcla de levadura y la piña, amasa bien.
4. Deja reposar hasta que doble tamaño (1-2 horas).
5. Forma el pan, deja reposar 30 minutos.
6. Hornea a 180 °C (350 °F) durante 30-35 minutos.

Pan de Pera y Jengibre
Ingredientes:

- 4 tazas de harina de trigo
- 1 ½ tazas de agua tibia
- 2 cucharaditas de levadura seca activa
- 1 cucharadita de sal
- 1 taza de pera picada y pelada
- 1 cucharada de jengibre fresco rallado

Instrucciones:

1. Disuelve la levadura en el agua tibia, deja reposar 5 minutos.
2. Mezcla harina y sal.
3. Añade mezcla de levadura, pera y jengibre, amasa hasta integrar.
4. Deja reposar hasta que doble tamaño (1-2 horas).
5. Forma el pan, deja reposar 30 minutos.
6. Hornea a 200 °C (390 °F) durante 25-30 minutos.

Pan de Queso Crema y Cebollino

Ingredientes:

- 4 tazas de harina de trigo
- 1 ½ tazas de agua tibia
- 2 cucharaditas de levadura seca activa
- 1 cucharadita de sal
- ½ taza de queso crema a temperatura ambiente
- 3 cucharadas de cebollino picado

Instrucciones:

1. Disuelve la levadura en el agua tibia, deja reposar 5 minutos.
2. Mezcla harina y sal.
3. Añade mezcla de levadura y amasa.
4. Incorpora el queso crema y cebollino, mezcla bien.
5. Deja reposar hasta que doble tamaño (1-2 horas).
6. Forma el pan, deja reposar 30 minutos.
7. Hornea a 200 °C (390 °F) durante 25-30 minutos.

Pan de Semillas de Girasol

Ingredientes:

- 4 tazas de harina integral
- 1 ½ tazas de agua tibia
- 2 cucharaditas de levadura seca activa
- 2 cucharaditas de sal
- ½ taza de semillas de girasol

Instrucciones:

1. Disuelve la levadura en el agua tibia, deja reposar 5 minutos.
2. Mezcla harina y sal.
3. Añade mezcla de levadura y semillas de girasol, amasa bien.
4. Deja reposar hasta que doble tamaño (1-2 horas).
5. Forma el pan, deja reposar 30 minutos.
6. Hornea a 220 °C (425 °F) durante 30 minutos.